Santa Teresa de Jesús

Constituciones que la madre Teresa de Jesús dio a las Carmelitas Descalzas

Barcelona 2024
Linkgua-ediciones.com

Créditos

Título original: Constituciones.

© 2024, Red ediciones S.L.

e-mail: info@linkgua.com

Diseño de cubierta: Michel Mallard.

ISBN rústica: 978-84-9816-818-1.
ISBN ebook: 978-84-9953-015-4.

Sumario

Brevísima presentación

La vida

Santa Teresa de Jesús (Gotarrendura, Ávila, 1515-Alba de Tormes, Salamanca, 1582). España.

Teresa Sánchez de Cepeda y Ahumada nació en una familia de judíos conversos, y desde pequeña fue instruida en la vida de los santos. Estas lecturas y los libros de caballería la indujeron a fugarse del hogar paterno con su hermano. Pretendían recorrer el mundo convirtiendo paganos. Teresa fue internada durante un tiempo en el convento de las agustinas de Santa María de Gracia, pero tuvo que regresar a su casa de Ávila por su precaria salud. A los diecinueve años huyó otra vez para ingresar en el convento de Encarnación, donde se convirtió a la Orden de las carmelitas descalzas. Desde entonces se dedicó a la reforma de la orden, apoyada por san Juan de la Cruz.

En 1562 Teresa de Jesús fundó el convento de San José de Ávila, el primero de las carmelitas y, a instancias de Francisco de Soto y Salazar, su confesor, comenzó a escribir el *Libro de mi vida*, influido por sus lecturas de libros de caballería y comparado por algunos con las *Confesiones* de san Agustín. Aquí expone sus preocupaciones humanas y religiosas, sus trabajos y experiencias anteriores. La jerarquía eclesiástica denunció el libro a la Inquisición y pretendió deportar a su autora a Hispanoamérica, pero fray Luis de León, san Juan de la Cruz y el teólogo fray Domingo Báñez lograron que el castigo se redujera y fuese confinada en Toledo.

De la orden que se ha de tener en las cosas espirituales

Los Maitines se digan después de las nueve, y no antes, ni tan después que no puedan, cuando sean acabados, estar un cuarto de hora haciendo examen en qué han gastado aquel día. A este examen se tañerá; y a quien la madre priora mandare, lea un poco en romance del misterio en que se ha de pensar otro día. El tiempo en que esto se gastare, sea de manera que al punto de las once hagan señal con la campana y se recojan a dormir. Este tiempo de examinación y oración tengan todas juntas en el coro. Y ninguna hermana salga del coro sin licencia después de comenzados los oficios.

El verano se levanten a las cinco, y estén hasta las seis en oración. En el invierno se levanten a las seis, y estén hasta las siete en oración. Acabada la oración, se digan luego las Horas hasta Nona, salvo si no fuere día solemne, o santo que las hermanas tengan particular devoción, que dejarán Nona para cantar antes de misa. Los domingos y días de fiesta se cante misa, y Vísperas y Maitines. Los días primeros de Pascua (y) otros días de solemnidad podrán cantar Laudes, en especial el día del glorioso, San José.

Jamás sea el canto por punto, sino en tono, las voces iguales. Lo ordinario sea todo rezado y también la misa, que el Señor se servirá quede algún tiempo para ganar lo necesario.

Procure no faltar ninguna del coro por liviana causa. Acabadas las Horas, vayan a sus oficios. A las ocho en verano, y a las nueve en invierno, se diga misa. Las que comulgaren, se queden un poco en el coro.

Qué días se ha de recibir al Señor

La comunión será cada domingo y días de fiesta, y días de Nuestro Señor y Nuestra Señora, y de nuestro padre San Alberto, de San José, y los demás días que al confesor pareciere, conforme a la devoción y espíritu de las hermanas, con licencia de la madre priora. También se comulgará el día de la advocación de la casa.

Un poco antes de comer se tañerá a examen de lo que han hecho hasta aquella hora, y la mayor falta que vieren en sí, propongan enmendarse de ella y decir un Paternóster, para que Dios le dé gracia para ello. Cada una, adonde se tuviere, se hinque de rodillas, y haga su examen con brevedad. En dando las dos se digan Vísperas, excepto en tiempo de Cuaresma, que se dirán a las once. En acabando Vísperas, el tiempo que se dicen a las dos, se tenga una hora de lección, y la hora de lección en Cuaresma se tenga en dando las dos: entiéndese que en dando las dos se taña a Vísperas. Esta hora de las Vísperas de las fiestas se tenga después de Completas.

Las Completas se digan en verano a las seis, y en invierno a las cinco. En dando las ocho, en invierno y en verano, se taña a silencio, y se guarda hasta otro día salidas de Prima. Esto se guarde con mucho cuidado. En todo el demás tiempo no puede hablar una hermana con otra sin licencia, si no fueren las que tienen los oficios en cosas necesarias. Esta licencia de la madre priora, cuando para más avivar el amor que tienen al Esposo, una hermana con otra quisiere hablar en él, o consolarse, si tiene alguna necesidad o tentación. Este, no se entiende para una pregunta o respuesta, o pocas palabras, que esto sin licencia lo podrán hacer. Una hora antes que digan Maitines se taña a oración. En esta hora de oración se podrá tener lección, si en la hora que se tiene después de Vísperas se hallaren con espíritu para tenerla de oración. Esto hagan conforme a lo que más vieren les ayuda a recoger.

Tenga cuenta la priora con que haya buenos libros, en especial Cartujanos, Flos Sanctorum, Contentus Mundi, Oratorio de Religiosos, los de fray Luis de Granada, y del padre fray Pedro de Alcántara, porque es en parte tan necesario este mantenimiento para el alma, como el comer para el cuerpo. Todo el tiempo que no anduvieren con la comunidad, o en oficios de ella, se esté cada una por sí, en las celdas o ermitas que la priora las señalare; en fin, en el lugar de su recogimiento, haciendo algo los días que no, fueren de fiesta, llegándonos en este apartamiento a lo que manda la Regla, de que esté cada una por sí. Ninguna hermana puede entrar en celda de otra sin licencia de la priora, so pena de grave culpa. Nunca haya casa de labor.

De lo temporal

Hase de vivir de limosna siempre, sin ninguna renta, y mientras se pudiere sufrir, no haya demanda. Mucha sea la necesidad que les haga traer demanda, sino ayúdense con la labor de sus manos, como hacía San Pablo, que el Señor las proveerá de lo necesario. Como no quieran más, y se contenten sin regalo, no les faltará para poder sustentar la vida. Si con todas sus fuerzas procuraren contentar al Señor. Su Majestad tendrá cuidado que no les falte. Su ganancia no sea en labor curiosa, sino hilar o coser, o en cosas que no sean tan primas que ocupen el pensamiento para no le tener en Nuestro Señor. No cosa de oro ni plata. Ni se porfíe en lo que han de dar por ello, sino que buenamente tomen lo que les dieren, y si ven que no les conviene no hagan aquella labor.

En ninguna manera posean las hermanas cosa en particular, ni se les consienta, ni para el comer, ni para el vestir, ni tengan arca, ni arquilla, ni cajón, ni alacena, si no fueren las que tienen los oficios de la comunidad, ni ninguna cosa en particular, sino que todo sea en común. Esto importa mucho, porque en pocas cosas puede ir el demonio relajando la perfección de la pobreza. Y por esto tenga mucho cuidado la priora en que cuando viere alguna hermana aficionada a alguna cosa, ahora sea libro o celda, o cualquiera otra cosa, de quitárselo.

De los ayunos

Hase de ayunar desde la Exaltación de la Cruz, que es en septiembre desde el mismo día hasta Pascua de Resurrección, excepto los domingos. No se ha de comer carne perpetuamente, si no fuere con necesidad, cuando lo manda la Regla.

El vestido sea de jerga o sayal negro, y échese el menos sayal que se pueda para ser hábito. La manga angosta, no más en la boca que el principio, y que llegue hasta los pies. Y el escapulario de lo mismo, cuatro dedos más alto que el hábito. La capa de coro de la misma jerga blanca, en igual del escapulario, y que lleve la menos jerga que ser pueda, atento siempre a lo necesario, y no superfluo. El escapulario traigan siempre sobre las tocas. Sean las tocas de sedeña, y no plegadas. Túnicas de estameña y sábanas de lo mismo. El calzado, alpargatas, y por la honestidad, calzas de sayal o de estopa. Almohadas de sedeña, salvo con necesidad, que podrán traer lienzo.

Las camas sin ningún colchón, sino con jergones de paja: que probado está por personas flacas y no sanas, que se puede pasar. No colgado cosa alguna, si no fuere a necesidad alguna estera de esparto, o antepuerta de alfamar o sayal, o cosa semejante, que sea pobre. Tenga cada una cama por sí. Jamás haya alfombra, si no fuere para la iglesia, ni almohadas de estrado. Esto todo es de religión, que ha de ser así, y nómbrase, porque con el relajamiento olvídase lo que es de religión y de obligación algunas veces. En vestido y en cama jamás haya cosa de color, aunque sea cosa tan poca como una faja. Nunca ha de haber zamarros, y si alguna hubiere enferma, pueda traer del mismo sayal algún ropón.

Han de tener cortado el cabello, por no gastar tiempo en peinarle. Jamás ha de haber espejo ni cosa curiosa, sino todo descuido de sí.

De la clausura

A nadie se vea sin velo, si no fuere padre o madre o hermanos, salvo en el caso que pareciere tan justo como a los dichos, para algún fin. Y esto con personas que antes edifiquen y ayuden a nuestros ejercicios de oración y consolación espiritual que no para recreación, siempre con una tercera, cuando no sea con quien se trate negocios de alma. La llave de la red tenga la priora, y la de la portería. Cuando entrare médico, o barbero, o las demás personas necesarias y confesor, siempre lleven dos terceras. Y cuando se confesase alguna enferma, esté siempre una tercera desviada, como pueda ver al confesor, con el cual no hable sino la misma enferma, si no fuere alguna palabra.

En las casas que hubiere coro para tener el Santísimo Sacramento dentro, y capellanes o comodidad para aderezar la iglesia, no haya puerta a la iglesia. Adonde no hubiere esto, y si es forzoso haberla, tenga la llave la priora, y no se abra sin ir dos hermanas juntas, y cuando no se pueda excusar. Y en habiendo comodidad para lo dicho, aunque haya habido puerta, se cierre.

Las novicias no dejen de visitar, como las profesas; porque si tuvieren algún descontento, se entienda que no se pretende sino que estén muy de su voluntad, y darles lugar que la manifiesten, sino la tuvieren de quedar.

De negocios de mundo no tengan cuenta, ni traten de ellos, si no fueren cosas que pueden dar remedio o remediar a los que las dicen, y ponerlos en la verdad, o consolarlos en algún trabajo. Y si no se pretende sacar fruto, concluyan presto, como queda dicho; porque importa mucho que vayan con alguna ganancia quien nos visitare, y no con pérdida de tiempo, y que nos quede a nosotras. Tenga mucha cuenta la tercera con que se guarde esto; que esté obligada a avisar a la priora, si no se guardare; y cuando no lo hiciere, que caiga la misma pena de la que la quebrantare. Esta sea (habiéndola avisado dos veces la tercera) esté nueve días en la cárcel, y al tercero día de los nueve, una disciplina en refectorio; porque es cosa que importa mucho a la religión.

De tratar mucho con deudos se desvíen lo que más pudieren; porque, dejado que se apegan mucho sus cosas, será dificultoso dejar de tratar con ellos alguna del siglo.

Téngase gran cuenta en hablar con los de fuera, aunque sean deudos muy cercanos; y si no son personas que se han de holgar de tratar cosas de Dios, véanlos muy pocas veces, y éstas concluyan presto.

De tomar las novicias

Mírese mucho que las que hubieren de recibir sean personas de oración, y que pretendan toda perfección y menosprecio del mundo, y que no sean menos que de diez y siete años; porque si no vienen desasidas de él, podrán mal sufrir lo que aquí se lleva; y vale más mirarse antes, que no echarlas después; y que tengan salud y entendimiento, y que tengan habilidad para rezar el Oficio divino, y ayudar en el coro. Y no se dé profesión, si no se entendiere en el año del noviciado tener condición y las demás cosas que son menester para lo que aquí se ha de guardar. Si alguna de estas cosas le faltare, no se tome, salvo si no fuese persona tan sierva del Señor y útil para la casa que se entendiere por ella no había de haber inquietud ninguna, y que se servía Nuestro Señor en condescender a sus santos deseos. Si éstos no fueren grandes, que se entienda la llama el Señor a este estado, en ninguna manera se reciba. Contentas de la persona, si no tiene alguna limosna que dar a la casa, no por eso se deja de recibir, como hasta aquí se hace. Si la quisiere dar a la casa, teniendo para ello, y después por alguna causa no se diere, no se pida por pleito, ni por esta causa dejen de dar la profesión. Téngase gran aviso de que no vayan por intereses; porque poco a poco podía entrar la codicia, de manera que miren más a la limosna que a la bondad y calidad de la persona; y esto no se haga por ninguna manera, que sería gran mal. Siempre tengan delante la pobreza que profesan, para dar en todo olor de ella; y miren que no es esto lo que las ha de sustentar, sino la fe y perfección, y fiar de solo Dios. Esta constitución se mire mucho, y se cumpla, que conviene, y se lea a las hermanas. Cuando se tomare alguna, siempre sea con parecer de la mayor parte del convento; y cuando hagan profesión, lo mismo. Las freilas que se hubieren de tomar sean recias, y personas que se entienda que quieren servir al Señor. Estén un año sin hábito, para que vean si son para lo que se toman, y ellas vean si lo podrán llevar. Ni traigan velo delante del rostro, ni se les dé negro; sino hagan profesión después de dos años que tengan el hábito, salvo si su gran virtud mereciere se la den antes. Sean tratadas con toda caridad y hermandad, y provéanlas del comer y vestir, como a todas.

De los oficios humildes

La tabla del barrer se comience desde la madre priora, para que en todo dé buen ejemplo. Téngase mucha cuenta con las que tuvieren oficio de ropera y provisora provean a las hermanas con caridad, así en el mantenimiento como en todo lo demás. No se haga más con la priora y antiguas que con las demás, como manda la Regla, sino atentas las necesidades y a las edades, y más a la necesidad; porque algunas veces habrá más edad y tendrán menos necesidad. En ser esto general haya mucho miramiento, porque conviene por muchas cosas. Ninguna hermana hable en si se da mucho o poco de comer, bien o mal guisado. Tenga la priora o provisora cuidado de que se dé (conforme a lo que hubiere dado el Señor) bien aderezado, de manera que puedan pasar con aquello que allí se les da, pues no poseen otra cosa. Sean obligadas las hermanas a decir a la madre priora la necesidad que tuvieren y las novicias a su maestra, así en cosas de vestir como de comer, y si han menester más de lo ordinario, aunque no sea muy grande la necesidad, encomendándolo a Nuestro Señor primero; porque muchas veces nuestro natural pide más de lo que ha menester, y a las veces el demonio ayuda para causar temor de la penitencia y ayuno.

De las enfermas

Las enfermas sean curadas con todo amor y regalo y piedad conforme a nuestra pobreza y alaben a Dios Nuestro Señor cuando lo proveyere bien; y si les faltare lo que los ricos tienen de recreación en las enfermedades, que no se desconsuelen, que a eso han de venir determinadas: esto es ser pobres, faltar por ventura al tiempo de mayor necesidad. En esto ponga mucho cuidado la madre priora, que antes falte lo necesario a las sanas que algunas piedades a las enfermas. Sean visitadas y consoladas de las hermanas. Póngase enfermera que tenga para este oficio habilidad y caridad. Las enfermas procuren entonces mostrar la perfección que han adquirido en salud, teniendo paciencia, y dando la menos importunidad que pueda, cuando el mal no fuere mucho, y esté obediente a la enfermera, porque ella se aproveche, y salga con ganancia de la enfermedad, y edifique a las hermanas y tengan lienzo y buenas camas, digo colchones, y sean tratadas con mucha limpieza y caridad.

Tarea no se dé jamás a las hermanas: cada una procure trabajar para que coman las demás. Téngase mucha cuenta con lo que manda la Regla: que quien quisiere comer, que ha de trabajar; y con lo que hacía San Pablo. Y si alguna vez por su voluntad quisiere tomar labor tasada para acabarla cada día, que lo pueda hacer, mas no se les dé penitencia aunque no la acaben.

Cada día, después de cenar o colación, cuando se junten las hermanas, diga la tornera lo que hubieren dado en limosna aquel día, nombrando a las personas que lo han enviado, para que tengan todas cuidado de suplicar a Dios se lo pague.

En la hora del comer no puede haber concierto, que es conforme a como lo da el Señor. Cuando lo hubiere, el invierno a las once y media, cuando fuere ayuno de iglesia; cuando fuere de la Orden, a las once; en verano, a las diez se tañerá a comer. Si el Señor diere espíritu a alguna hermana para hacer alguna mortificación, pida licencia; y no se pierda esta buena devoción, que se sacan algunos provechos: sea con brevedad, porque no impida a la lección. Fuera de comer y cenar, ninguna hermana coma ni beba sin licencia. Salidas de comer, podrá la madre priora dispensar que todas juntas puedan hablar en lo que más gusto les diere, como no sean cosas fuera del trato que ha de tener la buena religión, y tengan todas allí sus ruecas.

Juego en ninguna manera se permita, que el Señor dará gracia a unas para que den recreación a otras: fundadas en esto, todo es tiempo bien gastado. Procuren no ser enojosas unas a otras, sino que las burlas y palabras sean con discreción. Acabada esta hora de estar juntas, en verano duerman una hora; y quien no quisiere dormir, tenga silencio.

Después de Completas y oración, como arriba está dicho, en invierno y en verano pueda dispensar la madre que hablen juntas las hermanas, teniendo sus labores, como queda dicho, y el tiempo sea como le pareciere a la madre priora. Ninguna hermana abrace a otra, ni la toque en el rostro, ni en las manos, ni tengan amistades en particular, sino todas se amen en general, como lo manda Cristo a sus Apóstoles muchas veces. Pues (siendo) tan pocas, fácil será de hacer. Procuren de imitar a su Esposo, que dio la vida por nosotros. Este amarse unas a otras en general, y no en particular, importa mucho.

Ninguna reprenda a otra las faltas que la viere hacer: si fueren grandes, a solas la avise con caridad; y si no se enmendare de tres veces, dígalo a la madre priora, y no a otra hermana ninguna. Pues hay celadoras que miren las faltas, descuídense y den pasada a las que vieren, y tengan cuenta con las suyas. Ni se entremetan si hacen falta en los oficios, si no fuere cosa grave, a que estén obligadas a avisar, como queda dicho. Tengan gran cuenta con no disculparse, si no fuere en cosas que es menester, que hallarán mucho aprovechamiento en esto.

Las celadoras tengan gran cuenta de mirar las faltas, y por mandado de la priora, algunas veces las reprendan en público; aunque sea de menores a mayores, porque se ejerciten en la humildad, y así ninguna cosa respondan, aunque se hallen sin culpa. Ninguna hermana pueda dar ni recibir nada, ni pedir, aunque sea a sus padres, sin licencia de la priora; a la cual le mostrará todo lo que trajeren en limosna. Nunca jamás la priora ni ninguna de las hermanas pueda llamarse Don.

El castigo de las culpas o faltas que se hicieren en lo que está dicho, pues casi todo va ordenado conforme a nuestra Regia, sean las penas que están señaladas al fin de estas Constituciones, de mayor y menor culpa. En todo lo sobredicho pueda dispensar la madre priora, conforme a lo que fuere justo, con discreción y caridad, y que no obligue el guardarlo a pecado, sino a pena corporal.

La casa jamás se labre, si no fuere la iglesia, ni haya cosa curiosa, sino tosca la madera; y esa la casa pequeña y las piezas bajas: cosa que cumpla a la necesidad, y no superflua. Fuerte lo más que pudieren, y la cerca alta, y campo para hacer ermitas, para que se puedan apartar a oración, conforme a lo que hacían nuestros padres santos.

De las difuntas

Hanse de administrar los Sacramentos como lo manda en el ordinario. Por las difuntas, que hagan sus honras y enterramiento con una vigilia y misa cantada, y el cabo de año también con su vigilia y misa cantada. Y si hubiere posibilidad para ello, digan las misas de San Gregorio; y si no, como pudieren. Rece todo el convento un oficio de difuntos, y esto por las monjas del mismo convento, y por las demás un oficio de difuntos, y si hubiere (posibilidad), una misa cantada, y esto por todas las monjas de la primera Regla; y por las otras de la mitigada, un oficio de finados.

De lo que está obligada a hacer cada una en su oficio

El oficio de la madre priora es tener cuenta grande con que en todo se guarde la Regla y Constituciones, y celar mucho la honestidad y encerramiento de las casas, y mirar cómo se hacen todos los oficios, y también que se provean las necesidades, así en lo espiritual como en lo temporal, con el amor de madre. Procure ser amada, para que sea obedecida. Ponga la priora, portera y sacristana, personas de quien se pueda fiar, y que pueda quitarlas cuando le pareciere, porque no se dé lugar a que haya ningún asimiento con el oficio, y todos los demás también provea, salvo la superiora, que se haga por votos y las clavarias: éstas sepan escribir y contar, a lo menos las dos.

El oficio de la madre superiora es tener cuidado con el coro, para que el rezado y cantado vaya bien, con pausa. Esto se mire mucho. Ha de presidir cuando faltare la prelada, en su lugar, y andar con la comunidad siempre, reprendiendo las faltas que se hicieren en coro y refectorio, no estando la prelada presente.

Las clavarías han de tomar cuenta de mes a mes a la receptora, estando la priora presente: (la cual) ha de tomar parecer de ellas en cosas graves, y tener un arca de tres llaves para las escrituras y depósito del convento. Ha de tener una llave la prelada, y las otras dos las clavarias más antiguas.

El oficio de la sacristana es tener cuenta con todas las cosas de la iglesia y mirar que se sirva allí el Señor con mucho acatamiento y limpieza, y tener cargo de que vayan en concierto las confesiones, y no dejar llegar al confesonario, sin licencia, so pena de grave culpa, si no fuere a confesar con quien está señalado.

El oficio de la receptora y portera mayor (que ha de ser toda una) es que tenga cuidado de proveer en todo lo que se hubiere de comprar en casa (si el Señor diere de qué) con tiempo. Hablar paso al torno y con edificación, y mirar con caridad las necesidades de las hermanas, y tener cuenta con escribir gasto y recibo. Cuando comprare alguna cosa, no porfiar ni regatear, sino de dos veces que lo diga, dejarlo o tomarlo. No deje llegar a ninguna hermana al torne, sin licencia: llamar luego a la tercera, si fuere a la red. No dar cuenta a nadie de cosa que allí pasare, si no fuere a la prelada, ni dar carta, si no fuere a ella, que la lea primero; ni dar ningún recado a ninguna, sin darlo primero a la prelada, ni darle fuera, so pena de grave culpa. Las celadoras tengan gran cuenta con mirar las faltas que vieren, que es oficio importante; y dígalas a la prelada, como queda dicho.

La maestra de novicias sea de mucha prudencia y oración, y espíritu, y tenga mucho cuidado de leer las Constituciones a las novicias, y enseñarlas todo lo que han de hacer, así de ceremonias como de mortificación; y ponga más en lo interior que en lo exterior, y tomándolas cuenta cada día de cómo aprovechan en la oración, y cómo se han en el misterio que han de meditar, y qué provecho sacan, y enseñarlas cómo se han de haber en esto, y en tiempo de sequedades, y en ir quebrando ellas mismas su voluntad, aun en cosas menudas. Mire la que tiene este oficio, que no se descuide en nada, porque es criar almas para que more el Señor. Trátelas con piedad y amor, no se maravillando de sus culpas, porque han de ir poco a poco, y mortificando a cada una, según lo que viere puede sufrir su espíritu. Haga más caso de que no haya falta en las virtudes, que en el rigor de la penitencia. Mande la priora la ayuden a enseñarlas a leer.

Den todas las hermanas a la priora, cada mes una vez, cuenta de la manera que se han aprovechado en la oración, cómo las lleva Nuestro Señor: que Su Majestad la dará luz, que si no van bien, las guíe; y es humildad y mortificación hacer esto y para mucho aprovechamiento. Cuando la priora viere que no tiene persona que sea bastante para maestra de novicias, séalo ella y tome este trabajo, por (ser) cosa tan importante, y mande a alguna que la ayude.

Cuando las que tienen los oficios se les pasare alguna hora de las que se tienen oración, tomo otra hora la más desocupada para sí: entiéndese cuando en toda la hora, o la mayor parte, no hubieren podido tener oración.

Del capítulo de culpas graves

El capítulo de culpas graves se haga una vez en la semana, adonde, según la Regla, las culpas de las hermanas sean corregidas con caridad, y siempre se celebre en ayunas. Así que, tocando el signo, y a todas ayuntadas en el capítulo, a la señal de la prelada o presidente, la hermana que tiene el oficio de lectora lea estas Constituciones y la Regla, y la que ha de leer diga: *Jube Done benedicere*, y la presidente responda: *Regularibus disciplinis nos instruere dineris Magister Celestis*. Responderán: Amén. Entonces, si pareciere a la madre priora decir algunas cosas brevemente, conforme a la lección o corrección de las hermanas, antes que lo diga, diga: Benedicite, y las hermanas respondan: Dominus, postrándose hasta que sean mandadas levantar. Levantadas, se tornen a sentar, comenzando de las novicias y freilas, y después vengan de las más antiguas, y vengan a la mitad del capítulo, de dos en dos, y digan sus culpas y negligencias manifiestas a la presidente. Primero sean despedidas las freilas y las novicias, y las que no tienen lugar ni voz en capítulo. No hablen las hermanas, salvo por dos cosas, en capítulo: diciendo sus culpas y las de las hermanas simplemente, y respondiendo a la presidente a lo que le fuere preguntado. Y guardese la que fuere acusada, que no acuse a otra de sola sospecha que de ella tenga; lo cual, si alguna lo hiciere, llevará la misma pena del crimen que acusó. Y lo mismo se haga de la que acusa la culpa por la cual ya satisfizo. Mas porque los vicios o defectos no se encubran, podrá la hermana decir a la madre priora, o al visitador, lo que vio u oyó.

Sea asimismo castigada aquella que dijere alguna cosa falsamente de otra; y sea asimismo obligada a restituir la fama de la infamada en cuanto pudiere. Y la que es acusada no responda, si no fuere mandada, y entonces, humildemente, diga Benedicite, y si impacientemente respondiere, entonces sea más gravemente castigada, según la discreción de la presidente. Sea el castigo después de la pasión aplacada. Y guárdense las hermanas de divulgar y publicar, en cualquier modo que sea, los Concilios hechos y los secretos de cualquier capítulo. De todas aquellas cosas que la madre castigare, o dejare definidas en capítulo, ninguna hermana las renueve fuera de él, a manera de murmuración; porque de aquí se siguen discordias, y se quita la paz de un convento, y se constituyen sectas y usurpan el oficio de los mayores.

La madre priora, o presidente, con celo de caridad y amor de justicia, y sin disimulación, corrija las culpas legítimamente, las que claramente son halladas, o que confesaren, conforme a lo que aquí queda declarado.

Podrá la madre mitigar o abreviar la pena debida por la culpa, no por malicia cometida, a lo menos la primera, o segunda o tercera vez; mas aquellas que hallaren ser traviesas por arte maliciosa, o viciosa costumbre, débela agraviar las penas tasadas, y no las dejar, ni relajar sin autoridad del visitador. Y las que tuvieren por costumbres cometer leve culpa, séales dada la penitencia de mayor culpa. Asimismo de las otras sean también agravadas las penas tasadas, si lo tuvieren por costumbre.

Oídas las culpas, o corregidas, digan el salmo de *Miserere mei* y *Deus misereatur*, como lo manda en el ordinario; y acabando el capítulo, diga la presidente: Sid *nomen Domine benedito*.

Responda el convento: *Eso nunque edusque in secula*.

De leve culpa

Leve culpa es si alguna con debida festinación o prisa, luego como fuere hecha señal, difiriere aparejarse para venir al
coro ordenada y compuestamente, cuando debiere. Si alguna, comenzando ya el Oficio, entrare, o mal leyere o cantare,
o se ofendiere, y no se humillare luego delante de todas.
Si alguna no proveyere la lección en tiempo estatuido. Si
alguna, por negligencia, le faltare el libro en que ha de rezar.
Si alguna riere en el coro, o hiciere reír a las otras. Si algunas
en las cosas divinas, o el trabajo tarde vinieren. Si alguna
menospreciare y no observare debidamente las postraciones
o inclinaciones o las otras ceremonias. Si alguna en el coro,
o en el dormitorio, o en las celdas hiciere alguna inquietud o
ruido. Si alguna tarde viniere a la hora debida al capítulo, o
al refectorio, o al trabajo. Si alguna ociosa hablare, u ocio-
samente hiciere, o en estas cosas entendiere. Si ruido disolu-
tamente hiciere. Si algunos libros, vestidos, o las otras cosas
del monasterio negligentemente tratare, o quebrare, o perdie-
re algunas cosas de las que usan en el servicio de las casas. Si
alguna comiere o bebiere sin licencia. A las avisadas, o que se
avisan de estas y semejantes cosas, séales impuesto, y dádoles
penitencia, oración u oraciones, según la calidad de las culpas, o también alguna obra humilde, o silencio especial por
el quebrantamiento del silencio de la Orden, o abstinencia de
algún manjar en alguna refección o comida.

De media culpa

Media culpa es si alguna al coro, dicho el primer salmo, no viniere; y cuando entraren tarde, hanse de postrar, hasta que la madre priora mande que se levante. Si alguna presumiere cantar o leer de otra manera de aquello que se usa. Si alguna, no siendo atenta al Oficio divino con los ojos bajos, demostrare la liviandad de la mente. Si alguna sin reverencia tratare los ornamentos del altar. Si alguna al capítulo, o trabajo o sermón no viniere, o a la común refección presente no fuere. Si alguna a sabiendas dejare el mandado común. Si alguna en el oficio a ella diputado fuere hallada negligente. Si alguna hablare en capítulo sin licencia. Si alguna acusada hiciere ruido en su acusación. Si alguna presumiere de acusar a otra de alguna cosa, de la cual fuere acusada en el mismo día, y así vengándose. Si alguna en gesto o en hábito se hubiere desordenadamente. Si alguna jurare, o hablare desordenadamente, o que más grave lo tuviere por uso. Si alguna con otra litigare, o dijere alguna cosa, de donde las hermanas sean ofendidas. Si alguna negare la venia a aquella que la ofendió, si lo demandare. Si alguna entrare en las oficinas del monasterio sin licencia. De las sobredichas y semejantes culpas hágase en capítulo corrección de una disciplina; la cual haga la presidente, o aquella a quien ella mandare. La que acusó a la culpada no le dé penitencia, ni las mozas a las más antiguas.

De grave culpa

Grave culpa es si alguna entendiere inhonestamente con alguna otra. Si alguna fuere hallada denostando y diciendo maldiciones o palabras desordenadas y no religiosas. Haber sido airada con otra alguna. Si alguna jurare, o dijese, denostando, la culpa pasada a alguna hermana, por la cual satisfizo, por los defectos naturales, y otros de sus padres. Si alguna su culpa o la de otra defendiere. Si alguna fuere hallada haber dicho mentiras por su industria, falsamente. Si alguna tiene en costumbre el no tener silencio. Si al trabajo, o en otra parte, fuera costumbrada a contar nuevas del siglo. Si alguna los ayunos de la Orden, o en especial los instituidos por la Iglesia, sin causa y sin licencia quebrantare. Si alguna cosa tomare de alguno o de la comunidad. Si alguna celda o vestidura a sus usos concedida, mudare o con otra trocare. Si alguna en el tiempo de dormir, o en otro tiempo, entrare en la celda de otra sin licencia, o sin evidente necesidad. Si alguna se hallare al torno, o locutorio, o adonde las personas de fuera son, sin especial licencia de la madre priora. Si la hermana amenazare a la hermana en la persona con ánimo airado. Si alzare la mano, u otra cosa para la herir, la pena de grave culpa le sea doblada. A las que piden venia por las culpas de esta manera, o que no son acusadas, séales dada en capítulo dos correcciones; y ayunen dos días a pan y agua, y coman en el último lugar de las mesas, delante del convento, sin mesa ni aparejo de ella; pero a las acusadas séales añadido una corrección, y un día de pan y agua.

De más grave culpa

Más grave culpa es si alguna fuere osada a contender, traviesa, y decir descortésmente alguna cosa a la madre priora o a la presidente. Si alguna maliciosamente hiriere a la hermana: la tal, por el mismo hecho, incurra en sentencia de descomunión, y de todas debe ser evitada. Si alguna fuere hallada sembrar discordia entre las hermanas, o ser acostumbrada a decir o maldecir en oculto. Si alguna, sin licencia de la madre priora, o sin compañera, que sea testigo que la oiga claramente, presumiere de hablar con los de fuera. Si la acusada de semejantes culpas que aquéstas fuere convencida, luego se postre, demandando piadosamente perdón, y desnudas las espaldas, porque reciba sentencia digna de sus méritos con una disciplina, cuando a la madre priora le pareciere; y mandada levantar, vaya a la celda diputada para ella por la madre priora; y ninguna sea osada a juntarse a ella, ni hablarle ni enviarla nada; porque conozca así ser estada y apartada del convento; y sea privada de la compañía de los ángeles. Y en tanto que está en penitencia, no comulgue, ni sea designada para algún oficio, ni le sea cometida alguna obediencia, ni le manden nada; antes, del oficio que tenía sea privada; ni tenga voz ni lugar en capítulo, salvo en su acusación. Sea la postrera de todas, hasta la plenaria y cumplida satisfacción. En refectorio no se asiente con las otras; mas en medio del refectorio, vestida con el manto, se asiente; y sobre el suelo desnudo coma pan y agua, salvo si por misericordia alguna cosa le sea dada por mandado de la madre priora. Ella se haya piadosamente con ella, y la envíe alguna hermana para consuelo. Si en ella hubiere humildad de corazón, ayúdenla a su intención, a las cuales asimismo den favor y ayuda todo el convento; y la madre priora no contradiga a hacer misericordia, presto o tarde, mas o menos, según que el delito requiere. Si alguna manifiestamente se alzare contra la madre priora, o contra sus superiores; o si contra ellos alguna cosa no lícita o no honesta imaginare o hubiera, hagan penitencia sobre lo mismo arriba dicho, por cuarenta días, y sean privadas de voz y lugar en el capítulo, y de cualquier oficio que tuvieren. Y si por conspiración de aquesta manera, o maliciosa concordia, personas seglares, por cualquier vía se metiesen dentro en confusión, infamia, adonde las hermanas del monasterio, sean puestas en cárcel, y según la gravedad del escándalo que se sigue, sean detenidas. E si por causa de esto en el monasterio se siguieren partes o divisiones, así las que lo hacen, como las que dan favor, por lo mismo incurran en sentencia de descomunión, y sean encarceladas.

Si alguna quisiere impedir la quietación o la corrección de los excesos, alegando contra los superiores, que por odio o por favor procediesen, o cosas semejantes que aquéstas, por la sobredicha pena, que a las que conspiran contra la madre priora, sean punidas.

Y si alguna fuere osada a recibir, o dar algunas cartas, y leerlas sin licencia de la madre priora, o cualquiera cosa enviare fuera, o lo que le han dado retuviere para sí. Aquella (hermana), asimismo, por los excesos de la cual hermana fuera alguno en el siglo (escandalizado), allende de las penas dichas por las Constituciones, a las horas canónicas, y a las gracias después de comer, que estará postrada ante la puerta de la iglesia a las hermanas que pasen.

De gravísima culpa

Gravísima culpa es la incorregibilidad de aquella que no teme cometer las culpas, y rehúsa sufrir la penitencia. Si alguna apostata o saliere fuera de los límites del convento, y por esto incurra en sentencia de descomunión. Y gravísima culpa es si alguna fuere inobediente, o por manifiesta rebelión no obedeciere al mandamiento del prelado, o superior, que a ella en particular o a todas en general fuere mandado. Gravísima culpa es si alguna (no lo permita Dios, que está en la fortaleza de los que en Él esperan) cayere en el pecado de la sensualidad, y de aquello fuere convicta, se entiende gravemente sospechosa. Si alguna fuere propietaria, o lo confesare ser, y siendo hallada en ello en muerte, no se le dé eclesiástica sepultura. Si alguna pusiere manos violentas en la madre priora, o en otra cualquier hermana, o en cualquier manera descubriese algún crimen de alguna hermana o del convento a los otros, o secretos del convento a personas seglares descubriere, o extrañas, de donde la hermana del convento pueda ser infamada. Si alguna por sí o por otras procurare alguna cosa de ambición u oficios, o fuere contra las Constituciones de la religión. Estas tales hermanas sean puestas en la cárcel, o en el mismo lugar con ayuno y abstinencia, más o menos, según la cantidad y calidad del delito, y según la discreción de la madre priora, o del visitador de las hermanas. A cualquiera de estas hermanas, luego, so pena de rebelión, las lleven a la cárcel, como lo mandare la madre priora. A la que es encarcelada, excepto las que la guardaren, no la hable ninguna hermana, ni la envíen alguna cosa, so pena de la misma pena. Y si la encarcelada se saliere de la cárcel, la hermana que tuviere cuenta con ella, o aquella por cuya causa se saliere, siendo de esto convencida, esté en la misma cárcel, y según los delitos de la encarcelada sea ella castigada.

Haya cárcel diputada adonde estas tales estén, y no podrán ser libradas por estas causas escandalosas sino por el visitador. La apóstata sea perpetuamente en la cárcel, y la que cayere en el pecado de la carne; y la que cometiese caso que en el siglo mereciere pena de muerte, y las que no quieren ser humildes, y no conocer su culpa, salvo si en este tiempo tanto sea probada su paciencia y enmienda, que con consejo de todas que por ella rogaren, merezca, con el consentimiento de la madre priora y por el visitador ser libradas de la cárcel. Y cualquiera que en esta cárcel estuviere, conocerá haber perdido la voz, así activa como pasiva, y lugar por el semejante. Y será privada de todo acto legítimo, y de todo oficio, donde aunque sea librada de la cárcel, no por eso se restituye a las cosas sobredichas, salvo si explícitamente aqueste beneficio le sea dado. Y aunque se les restituya lugar, no por eso se les restituya voz en capítulo; y si voz activa, no por eso pasiva, si, como dicho es, expresamente no les sea esto concedido. Pero la que hubiere caído en estos casos dichos, no puede ser relevada para que pueda ser elegida, a cualquier oficio, ni acompaña a las hermanas al torno, ni a otra parte. Si hubiere caído en el pecado de la sensualidad, aunque doliéndose de sí misma, tornare de su grado pidiendo misericordia y perdón, en ninguna manera sea recibida, salvo interviniendo causa razonable, con consejo del visitador, cómo se deba de recibir. Si alguna fuere convicta delante de la priora haber levantado falso testimonio, o fuere acostumbrada a infamar, haga su penitencia de aquesta manera: que a la hora del comer, sin manto, vestida un escapulario, sobre el cual habrá dos lenguas de paño bermejo y blanco, delante y detrás, en modo vario cosidas, en medio el refectorio, coma pan y agua sobre la tierra, por señal que por el gran vicio de su lengua en esta manera sea punida, y de ahí sea puesta en la cárcel; y si en algún tiempo fuere librada de la cárcel, no tenga voz ni lugar. Y si la priora, lo que nunca Dios permita, cayere en alguna falta de las dichas, luego sea depuesta, para que gravísimamente sea castigada. Tengan en cada convento una destas Constituciones en el arca de tres llaves, y otras, para que se lean una vez en la semana a todas las hermanas juntas en el tiempo que la madre priora ordenare, y cada una de las hermanas las tenga muy en la memoria; pues esto es lo que las ha de hacer ir muy aprovechadas, con el favor de Nuestro Señor. Procuren leerlas algunas veces, y para esto haya más de las dichas en el convento, porque cada una, cuando quisiere, las pueda llevar a su celda.

La limosna que diere el Señor en dinero se ponga siempre en el arca de las tres llaves luego, salvo si no fuere de nueve o diez ducados abajo, que se darán a la clavaria que a la priora le pareciere, y ella dé a la procuradora lo que dijere la priora que gaste; y cada noche, antes que tañan a silencio, dé cuenta a la priora, o a la dicha clavaria, por menudo. Y hecha la cuenta, póngase por junto en el libro que haya en el convento, para dar cuenta al visitador cada año.

Deo gracias

Las disciplinas que se han de tomar, manda el ordinario algunas, que son cuando se reza feria; y en Cuaresma y en Adviento cada día que se rezare feria; y en el otro tiempo, lunes y miércoles y viernes, cuando en estos días se rezare feria. Mas se tome cada viernes del año por el aumento de la fe, y por los bienhechores, y por las ánimas del purgatorio, y cautivos, y por los que están en pecado mortal, un Miserere, y oraciones por la Iglesia, y por las cosas dichas. Estas se den cada una por sí, también en el coro después de Maitines. Las otras con mimbres, como lo manda el ordinario. Ninguna tome más sin licencia, ni haga cosa de penitencia sin ella.

Libros a la carta

A la carta es un servicio especializado para
empresas,
librerías,
bibliotecas,
editoriales
y centros de enseñanza;
y permite confeccionar libros que, por su formato y concepción, sirven a los propósitos más específicos de estas instituciones.

Las empresas nos encargan ediciones personalizadas para marketing editorial o para regalos institucionales. Y los interesados solicitan, a título personal, ediciones antiguas, o no disponibles en el mercado; y las acompañan con notas y comentarios críticos.

Las ediciones tienen como apoyo un libro de estilo con todo tipo de referencias sobre los criterios de tratamiento tipográfico aplicados a nuestros libros que puede ser consultado en Linkgua-ediciones.com .

Linkgua edita por encargo diferentes versiones de una misma obra con distintos tratamientos ortotipográficos (actualizaciones de carácter divulgativo de un clásico, o versiones estrictamente fieles a la edición original de referencia).

Este servicio de ediciones a la carta le permitirá, si usted se dedica a la enseñanza, tener una forma de hacer pública su interpretación de un texto y, sobre una versión digitalizada «base», usted podrá introducir interpretaciones del texto fuente. Es un tópico que los profesores denuncien en clase los desmanes de una edición, o vayan comentando errores de interpretación de un texto y esta es una solución útil a esa necesidad del mundo académico.

Asimismo publicamos de manera sistemática, en un mismo catálogo, tesis doctorales y actas de congresos académicos, que son distribuidas a través de nuestra Web.

El servicio de «libros a la carta» funciona de dos formas.

1. Tenemos un fondo de libros digitalizados que usted puede personalizar en tiradas de al menos cinco ejemplares. Estas personalizaciones pueden ser de todo tipo: añadir notas de clase para uso de un grupo de estudiantes, introducir logos corporativos para uso con fines de marketing empresarial, etc. etc.

2. Buscamos libros descatalogados de otras editoriales y los reeditamos en tiradas cortas a petición de un cliente.

LK

9 7 8 8 4 9 8 1 6 8 1 8 1